Claves de Bolsillo para Negociar

La negociación en un vistazo

Paúl Fraga

Copyright 2016 Paúl Fraga

A mi padre.

A Emilie.

A mi madre donde quiera que esté

Tabla de Contenidos

INTRODUCIENDO AL 'ELEFANTE EN EL CUARTO' 1

PRIMERA PARTE: EL JUEGO EXTERIOR (TÉCNICAS) 4

1. "SI USTED PIDE ALGO, ¿QUÉ ES LO QUE USTED ESTÁ DISPUESTO A DAR?" (ROBERT KIYOSAKI)..4

2. "TODO TIENE SUS LÍMITES" (QUINTO HORACIO FLACO)............6

3. "SUERTE ES LO QUE SUCEDE CUANDO LA PREPARACIÓN Y LA OPORTUNIDAD SE ENCUENTRAN Y FUSIONAN" (VOLTAIRE)...............8

4. "DONDE NO PUEDAS AMAR NO TE DEMORES" (FRIDA KAHLO)............11

5. "NO HAY COSAS SIN INTERÉS. TAN SÓLO PERSONAS INCAPACES DE INTERESARSE" (GILBERT KEITH CHESTERTON)............13

6. "EL TIEMPO ES LA COSA MÁS VALIOSA QUE UNA PERSONA PUEDE GASTAR" (THEOPHRASTUS) 16

7. "LAS PALABRAS 'NUNCA', 'SIEMPRE', 'TODO' O 'NADA' SON PELIGROSAS PORQUE NO DEJAN OPCIONES" (WALTER RISO)............19

8. "NADA ES TAN FÁCIL NI TAN ÚTIL COMO ESCUCHAR MUCHO" (JUAN LUIS VIVES)............21

9. "PERMANECER EN SILENCIO ES ALGO MÁS QUE NO HABLAR" (ROBERT FISHER) 23

10. "LAS CONCESIONES DE LOS DÉBILES SON LAS CONCESIONES DEL MIEDO" (EDMUND BURKE) 25

11. "HAY QUE DECIR 'NO' A MIL COSAS PARA ESTAR SEGURO DE QUE NO TE ESTÁS EQUIVOCANDO O QUE INTENTAS ABARCAR DEMASIADO" (STEVE JOBS) 27

12. "SIEMPRE DUELE MÁS TENER Y PERDER QUE NO TENER DE ENTRADA" (KHALED HOSSEINI) 29

13. "LEY DE KEOPS: NO HAY OBRA QUE TERMINE DENTRO DE PLAZO O DEL PRESUPUESTO FIJADO" (ROBERT HEINLEIN) 31

SEGUNDA PARTE: EL JUEGO INTERIOR (PSICOLOGÍA).... 34

14. "QUIEN CONQUISTA A OTROS ES FUERTE, MAS QUIEN SE CONQUISTA A SÍ MISMO ES PODEROSO" (LAO TSE) 34

15. "RAZÓN SIN COMPRENSIÓN ES COMO CUPIDO SIN CORAZÓN" (JUAN LOBILLO) 36

16. "EL MIEDO REINA SOBRE LA VIDA" (ALBERT SCHWEITZER) 38

17. "PARA GRANDES COSAS MUCHO TIEMPO SE REQUIERE" (SÉNECA) 39

18. "SI TUS PROBLEMAS TIENEN SOLUCIÓN, ¿PARA QUÉ PREOCUPARSE?, Y SI NO LO TIENEN, ¿PARA QUÉ PREOCUPARSE?" (PROVERBIO CHINO) 41

19. "NADIE OFRECE TANTO COMO EL QUE NO VA A CUMPLIR" (FRANCISCO DE QUEVEDO) 43

TERCERA PARTE: LA PUESTA EN ESCENA (COMPORTAMIENTO) 45

20. "LAS ÚNICAS PARTES BUENAS DE UN LIBRO SON LAS EXPLICACIONES QUE SE HAN OMITIDO EN ÉL" (BAUDELAIRE)................45

21. "LA TEMPLANZA ES EL VIGOR DEL ALMA" (JAIME BALMES) 47

22. "NO HAY QUE MEZCLAR CHURRAS CON MERINAS" (DICHO CASTELLANO) 48

23. "LAS COSAS NO VALEN SINO LO QUE SE LAS HACE VALER" (MOLIÈRE)........................50

24. "LA DISCRECIÓN ES UNA VIRTUD SIN LA CUAL LAS OTRAS DEJAN DE SERLO" (FRANCIS BACON) 52

25. "LA NECESIDAD NUNCA HIZO BUENOS NEGOCIOS" (BENJAMIN FRANKLIN).................54

26. "A QUIEN NO SE SALVA POR SÍ SOLO NADIE LE PUEDE SALVAR" (CESARE PAVESE)...............55

27. "DIOS APRIETA PERO NO AHOGA" (PROVERBIO) 57

28. "LA IGNORANCIA ESTÁ MENOS LEJOS DE LA VERDAD QUE EL PREJUICIO" (DENIS DIDEROT) 59

CUARTA PARTE: RESUMEN DE LAS CLAVES....................61

INTRODUCIENDO AL 'ELEFANTE EN EL CUARTO'

¿Por qué un libro de negociación? Porque la negociación ejemplifica muy bien el síndrome del **'elefante en el cuarto'**. Esto es, **cuando se da una situación donde todos los partícipes son conscientes de una verdad que es evidente, pero que sin embargo ignoramos o voluntariamente dejamos pasar inadvertida**. La negociación es una disciplina, un ámbito de nuestras vidas, que habitualmente pasa de puntillas en nuestro día a día. Lo hace de manera discreta pero también constante. Siempre está ahí aunque no nos demos cuenta o no queramos verla. Es terca. Nunca desaparece.

Negociamos constantemente. Con la pareja, con los hijos, en el trabajo, con los amigos… Parece que no lo hacemos, pero lo cierto es que negociamos inconscientemente. Sin saberlo. Por ello es tan importante saber negociar. Porque es especialmente relevante.

Sin embargo, **existen pocas cosas que hagamos tan seguidamente y a la que, conscientemente, dediquemos menos atención**. Siendo honesto, desconozco el motivo exacto de este comportamiento, aunque podría adivinar a qué se debe. Negociar es una habilidad que genera suspicacias de antemano. Genera una cierta desconfianza en la propia actividad de negociar, pero también en la propia destreza que uno cree tener para llevarla a cabo. Que ahora recuerde pocas disciplinas se ven tan afectadas por los prejuicios y las barreras autoimpuestas de aquellos llamados a desempeñarla, que somos todos.

Muchas veces es el propio concepto que tenemos de nosotros mismos lo que nos impulsa a poner el freno de mano. Y lo hacemos bajo el paraguas de la falsa creencia de que esa actitud no tiene consecuencias. Y nada más lejos de la realidad. **Desentenderse de los secretos de la negociación, consciente o inconscientemente, nos invita a ir, en sentido figurado, a la 'deriva' de la vida, al retortero de nuestro entorno**. Desde un punto de vista comparativo, basta que alguien con el que interactuemos conozca, aunque sea muy sucintamente, alguna técnica de negociación para que voluntariamente, y de forma deseosa, hagamos lo que esa persona pretende que hagamos. Porque, en parte, la negociación se trata de eso: de que la otra persona haga gustosamente aquello que nos interesa que haga.

¿Pero eso no es manipular? No. No lo es. La manipulación tiene un carácter exclusivamente unidireccional y, por tanto, breve. Con poco recorrido. La negociación, por su parte, es bidireccional. **El objetivo es que las dos partes realicen las cosas con verdadera voluntad de hacerlas**. Con convencimiento. Lo que se traduce en la búsqueda de relaciones duraderas. Lo que, siendo sinceros, no siempre sucede.

Por otro lado, independientemente de que existan personalidades con una predisposición natural a negociar, lo cierto es que negociar es algo que se puede aprender. Este libro es buena prueba de ello. Sólo existe una cuestión ajena a cualquier proceso de aprendizaje pero que sin embargo es el detonante de todo lo demás: el reconocimiento consciente de que uno se encuentra inmerso en un proceso negociador.

Llegados a este punto intentaré convencerte, querido lector, de que la negociación tiene mucho de técnica, pero también de psicología y de 'teatro', en el buen sentido de la palabra. En definitiva, la negociación no deja de ser un juego cuyas reglas conviene aprender bien.

Ahora bien, ¿te atreves a ser un buen 'jugador'? Intuyo que sí. ¡Empecemos!

PRIMERA PARTE: EL JUEGO EXTERIOR (TÉCNICAS)

1. "SI USTED PIDE ALGO, ¿QUÉ ES LO QUE USTED ESTÁ DISPUESTO A DAR?" (ROBERT KIYOSAKI)

LA NEGOCIACIÓN ES UN JUEGO DE INTERCAMBIO. Un escenario donde no se trata de sucumbir en un proceso paulatino de rendición. Plegarse a las exigencias de la contraparte no es negociar, es un ejercicio de sumisión. Cierto es que conceder es uno de los pilares fundamentales, sin embargo **las concesiones deben darse a cambio de algo. Siempre**.

Son frecuentes los episodios donde, dentro de una negociación, una parte, generalmente experimentada, adquiere una posición obstinada sin desplazarse ni un ápice de sus exigencias, sin voluntad alguna, además, de conceder nada. Ante comportamientos de este tipo los negociadores inexpertos tienden a otorgar sucesivamente aquello que la contraparte pide, a la espera de que semejante ejercicio de generosidad apiade al oponente y termine este último por acceder a alguna de sus peticiones.

Sin embargo, la realidad es muy diferente. Las posiciones enrocadas habitualmente son propias de negociadores experimentados que ven en la otra parte un alma cándida e inexperta capaz de dejar de lado los objetivos que persigue en la negociación con tal de caer bien al oponente. Son triquiñuelas propias de aquel que sabe cuáles son las reglas del juego, y hace un uso interesado de ellas.

Por tanto, concesiones sí, siempre y cuando se obtenga algo a cambio. Si yo concedo algo la contraparte me tiene que conceder algo. Y en sentido inverso. Si pido algo debo estar dispuesto a otorgar algo.

Ahora bien, ¿Qué puedo conceder a cambio de mis peticiones? Es ahí donde el principio de jerarquía adquiere una especial relevancia. Como negociador, uno debe proponerse la obtención de aquello que más desea a cambio de la concesión menos lesiva para sus intereses. **Mientras el orden de los objetivos que se pretenden debe ir de mayor a menor importancia, la lista de las concesiones a las que uno está dispuesto debiera tener el orden inverso, esto es, de menor a mayor importancia.**

No olvidemos que las cosas no tienen un valor en sí mismas. Las cosas tienen el valor que se les otorga. Es relativo. Con lo cual ante una misma cuestión, el valor concedido por cada una de las partes puede diferir enormemente. En consecuencia, se trataría de obtener aquello que mayor valor tenga para uno dentro de sus pretensiones, concediendo algo que para uno tenga poco o ningún valor. Sin embargo, el valor que tiene ese mismo elemento para el oponente puede ser muy importante. De tal manera que nos podemos encontrar ante un escenario en el que uno puede hacer una petición de mucho valor para esa persona, pero que tiene muy poco valor para la contraparte, estando dispuesto a conceder por ello un elemento irrelevante para él pero tremendamente importante para la otra parte.

CLAVE 1

"LA NEGOCIACIÓN ES INTERCAMBIO. SI YO CONCEDO ALGO LA CONTRAPARTE ME TIENE QUE CONCEDER ALGO, Y SI PIDO ALGO DEBO ESTAR DISPUESTO A OTORGAR ALGO"

2. "TODO TIENE SUS LÍMITES" (QUINTO HORACIO FLACO)

Cuando hablo de límites me refiero a que **en el ámbito de la negociación todo el mundo tiene que tener claro cuál va a ser el rango en el que se va a mover.** Se trata de establecer con claridad en los periodos previos qué es lo que busco en la negociación, qué es lo que pretendo. De igual manera hay que determinar muy claramente cuáles van a ser aquellas cuestiones a las que no estás dispuesto a renunciar. En otras palabras, qué elementos no son susceptibles de ser negociados.

Estas dos cuestiones son un elemento fundamental a tener en consideración: QUÉ ES LO QUE PRETENDO Y QUÉ NO ESTOY DISPUESTO A NEGOCIAR. Se trata de establecer objetivos y de determinar los límites, tanto cuantitativos como cualitativos. No se trata de ir a una negociación donde no sólo no consigues los objetivos que te habías planteado en un inicio sino que además concedes o aceptas variables que te sitúan en una posición mucho peor que aquella que disponías cuando asististe a la negociación.

Suele ser un error muy común acudir a las negociaciones sin ningún tipo de trabajo previo, lo que provoca que vayas a la deriva de las idas y venidas propias de cualquier negociación. Es crucial en este sentido que antes de sentarnos en una mesa a negociar realicemos un ejercicio de perspectiva para ser perfectamente conscientes, antes incluso de poner un pie allí, de cuál va a ser el objeto de la negociación, qué pretendemos conseguir en ella y cuál es nuestra situación actual, nuestro punto de partida. De tal manera que si en la negociación se producen movimientos nos aseguremos de que estos se dan en la dirección adecuada, esto es hacia adelante, en lugar de incurrir de manera inconsciente en pérdidas progresivas que nos darán como resultado una situación peor que aquella que teníamos antes de acudir a negociar.

Con lo cual, reflexión y trabajo previo, ejercicio de perspectiva, objetivos y límites inferiores. Una vez hecho eso se trata de moverse en el escenario que se plantea entre los objetivos máximos y los límites mínimos planteados, lo que a la postre se traducirá, muy posiblemente, en un espacio de juego cuyos límites no serán otros que tus límites inferiores, por un lado, y los límites de tu oponente, por el otro. En ese terreno es en el que hay que saber moverse. Y es estableciendo previamente los límites como se establece el escenario de juego.

Una vez definido esto vendría el juego de intercambio de concesiones con la pretensión última de conseguir elementos de alto valor para mí a cambio de concesiones por mi parte que me supongan el menor perjuicio posible. De tal manera que ambas partes podamos concluir la negociación con la satisfacción del deber cumplido sin la sensación de haber sido objeto de manipulación alguna.

CLAVE 2

"SABER ANTES DE NEGOCIAR CUÁLES SON TUS OBJETIVOS Y CUÁLES SON TUS LÍMITES"

3. "SUERTE ES LO QUE SUCEDE CUANDO LA PREPARACIÓN Y LA OPORTUNIDAD SE ENCUENTRAN Y FUSIONAN" (VOLTAIRE)

Las personas somos muy dadas a tener prejuicios. Unos prejuicios que en caso de éxito ajeno, creemos, nos permiten sacar conclusiones y determinar los motivos de los buenos resultados de terceros. Cuando una persona tiene éxito lo cierto es que desconocemos los motivos que lo han llevado a él porque generalmente conocemos únicamente el resultado pero no sus motivos. Sin embargo, eso no nos impide sacar unas conclusiones generalmente equivocadas de las razones que lo han provocado.

Y esto es así porque **a lo desconocido tendemos a buscarle una explicación racional**. Sin embargo, cuando una persona busca una explicación racional a algo inconscientemente lo hace bajo su punto de vista, lo que es racional para ella en función de la experiencia que haya tenido. Pero esa conclusión a la que se llega es una conclusión propia, parcial, sesgada y arbitraria. Luego **lo que es racional para ti no tiene por qué tener presunción de veracidad. Simplemente es tu criterio**.

Por tanto, cuando una persona tiene éxito en algo no lo tiene por lo que terceros consideren (generalmente son razones de carácter peyorativo, todo hay que decirlo), sino porque se dan una serie de razones y circunstancias que el conjunto de las personas desconoce, pero que efectivamente se dan, al margen de valoraciones ajenas.

Ahora bien, ¿cuáles son esas razones y circunstancias? Como bien he dicho en el párrafo anterior los motivos concretos son difíciles de conocer, sin embargo, en los casos de éxito siempre existe un elemento común. Más bien un punto de conexión. Y en el caso de la negociación no es diferente.

Se trata de un momento en el que un elemento ajeno a tu control (OPORTUNIDAD) coincide con algo que sí lo está:

la PREPARACIÓN. ¿A qué conclusión podemos llegar con esto? Una es clara: **independientemente del contexto en el que te encuentres, de la falta de oportunidades que creas tener o de las pocas oportunidades que hayan surgido, uno siempre tiene la facultad y la potestad de prepararse convenientemente para cuando esa oportunidad efectivamente se dé**.

Desde el punto de vista concreto de la negociación uno desconoce cuál va a ser su discurrir exacto. Puede tener una idea, una cierta aproximación de lo que puede resultar; pero lo cierto es que la negociación a priori es incierta.

Pero ello no es motivo para que afrontemos la negociación a verlas venir. Todo lo contrario. LA PREPARACIÓN ES LO ÚNICO QUE ESTÁ BAJO NUESTRO CONTROL. Por lo tanto cuanto más preparado estés respecto a las variables que pudieran surgir en la negociación, cuanto más preparado estés respecto a los objetivos planteados, elementos irrenunciables y límites mínimos, más posibilidades existirán de que aparecida dicha variable en la negociación o, en otras palabras, aparecida la oportunidad, lo afrontes con mayores garantías de éxito. En definitiva, el éxito no es una cuestión de suerte. El éxito, la suerte en general, y en particular en la negociación, se reducen a ese momento donde una oportunidad, ajena a tu control, coincide con tú preparación, que sí depende exclusivamente de ti.

CLAVE 3

"ESTAR PREPARADO PARA CUANDO SE PRESENTE LA OPORTUNIDAD"

4. "DONDE NO PUEDAS AMAR NO TE DEMORES" (FRIDA KAHLO)

¿Quién no se ha visto inmerso en alguna ocasión en situaciones donde es imposible avanzar? Situaciones donde ninguna de las personas da su brazo a torcer respecto a sus pretensiones. Al final, comportamientos como éste resultan en posiciones enquistadas que evitan que la negociación avance, impidiendo llegar a resultado alguno.

Tal y como hemos comentado con anterioridad, negociar es intercambiar. Muchos consideran que en la negociación siempre hay que ceder en algo, pero dicha afirmación se trata de una verdad a medias. Es cierto que hay que ceder, pero siempre hay que hacerlo a cambio de algo. Se trata de cesión por cesión.

Ahora bien, y en esto coincido con Alejandro Hernández, **las cesiones llevan implícitas una cuestión importante:** LA MULTIPLICIDAD DE VARIABLES NEGOCIABLES. Cuando una negociación está en punto muerto, cuando no avanza, cuando se encuentra enrocada, generalmente se debe a que los negociadores han adquirido posiciones inflexibles, pero sobre todo porque tienen una actitud intolerante respecto a una sola cuestión. De tal manera que si únicamente se tiene una pretensión, es eso o nada, al margen de que el oponente pueda estar, o no, de acuerdo con tu pretensión. Lo que generalmente no suele ser así. De ahí el habitual enrocamiento. Éste tipo de situaciones se suelen dar cuando existe una única variable de negociación, y ésta suele ser por lo habitual el dinero. Cuando se trata exclusivamente de una cuestión de precio.

En una negociación donde una parte quiere comprar lo más barato posible, y la otra quiere todo lo contrario, es decir, venderlo lo más caro posible, sin más variables posibles que el precio, generalmente acaba por no existir acuerdo o por producirse un estancamiento a la espera de que el oponente flaquee en sus exigencias por una cuestión de tiempo y desesperación.

¿Pero qué pasaría si al margen del precio existiesen otras variables de negociación? ¿Qué ocurriría si, partiendo de las posiciones iniciales de comprar barato, por un lado, y de vender caro, por el otro, introdujéramos, por ejemplo, plazos de pago, periodos de devolución, garantías, servicios postventa, etc.? ¿Ya no sería lo mismo, verdad? De tal manera que si no existe un acuerdo en el precio uno pueda decir "de acuerdo, te pago un poco más de lo que estaba en un principio dispuesto a darte, sin embargo, a cambio me tienes que permitir el pago a plazos". ¿Que te aprieta un poco más? Pues le puedes pedir una ampliación del plazo de garantía, etc.

Como puedes ver SIEMPRE HAY QUE ENRIQUECER LA NEGOCIACIÓN INTRODUCIENDO VARIABLES NEGOCIABLES. Variables que permitan la posibilidad de que ambas partes puedan resultar satisfechas más allá de una cuestión exclusiva de precio. Ahora bien, dichas variables de negociación deben situarse siempre en el escenario de juego que previamente uno se ha planteado. **Las variables siempre se tienen que mover entre el objetivo pretendido y el mínimo aceptable**. Para ello la preparación previa a la negociación es crucial.

CLAVE 4

"INTRODUCIR EN LA NEGOCIACIÓN MÚLTIPLES VARIABLES NEGOCIABLES"

5. "NO HAY COSAS SIN INTERÉS. TAN SÓLO PERSONAS INCAPACES DE INTERESARSE" (GILBERT KEITH CHESTERTON)

Existe una cuestión de la que todo el mundo debería ser consciente a nivel general, y en la negociación en particular. Lo señala muy bien Alejandro Hernández: HAY QUE SEPARAR LOS INTERESES DE LO QUE SON LAS POSICIONES. Pero, ¿de qué se trata eso?

Pues bien, podríamos decir que **las posiciones son lo que es visible, la petición o la postura propiamente dicha**. Lo que se hace palpable por expreso deseo de la contraparte. Sin embargo, **el interés es aquello que motiva la posición que se adopta**. Es la verdadera voluntad oculta, que está escondida, pero que es el germen implícito a cualquier postura que se adopte.

Y digo que hay que saber separar los dos elementos muy bien porque el no hacerlo puede llevar a confusión y a adoptar las resoluciones y actitudes incorrectas que pueden echar por tierra la negociación. Todo por no saber, o no haber sabido entender bien, qué es lo que de verdad, y ahí está la clave, busca la contraparte.

Muy frecuentemente nos dejamos llevar por la actitud de nuestro oponente. Es habitual que con su actitud, sus peticiones y, en general, con la posición que adopta nos hagamos una composición de lugar y tengamos una tendencia irrefrenable por hacer juicios de valor. Estos juicios de valor hacen que erróneamente creamos conocer qué es lo que la otra parte está buscando.

Sin embargo, las posiciones que se adoptan no dejan de ser una representación, en cierto modo teatral, cuyo verdadero motor y motivación se encuentra perfectamente escondido y a buen recaudo. Y en negociación es este motor interior lo que determina todo lo demás, aquello que nos interesa conocer verdaderamente. Imaginémonos la siguiente situación: dos antiguos compañeros de colegio que por diferentes motivos dejan de verse. Llegado un momento uno de ellos se acerca a una tienda de muebles y se da cuenta de que el vendedor que le va a atender es su antiguo compañero de colegio. Cuando está negociando con él una rebaja del precio se va dando cuenta de que su antiguo compañero, y ahora vendedor, no accede a hacerle la más mínima rebaja en el precio, adoptando una actitud absolutamente intransigente y sin atender a razones. En esta situación en concreto la posición del vendedor es clara: no quiere hacer a su antiguo compañero ningún tipo de rebaja. Ahora bien, ¿es ese el verdadero interés que hay detrás de esa posición? Pues bien, resulta que en el pasado cuando ambos eran compañeros de clase el que ahora es el comprador le hacía de menos al que ahora es vendedor. De tal manera, que en el vendedor existe todavía cierto resentimiento con el comprador por comportarse en su día de una manera que, él entiende, no fue la más correcta.

Con lo cual, este simple relato ejemplifica muy bien cuál es la diferencia entre la posición adoptada y el interés subyacente de esa posición. La posición adoptada es que no quiere rebajarle absolutamente nada el precio, sin embargo, el interés que subyace no es ganar más, sino que es fastidiar a su compañero por el sentimiento que tiene hacia él debido a situaciones pasadas. Siendo esto así, si el comprador insistiera en la rebaja del precio e incidiera en los motivos por los que dicha rebaja sería beneficiosa para ambos poco lograría conseguir. Sin embargo, si fuese capaz de descubrir el interés que subyace detrás de la posición de su compañero posiblemente sería capaz de llegar a la conclusión de que igual sería mejor invitarle a tomar un café relajadamente para charlar y resolver las diferencias porque realmente su compañero no tiene ningún problema en concederle una pequeña rebaja en el precio. Su problema es otro.

La cuestión ahora es, ¿cómo puede ser capaz uno de averiguar los intereses que subyacen a las posiciones? La respuesta es haciendo preguntas. Multitud de preguntas. Pero eso ya es otro capítulo.

CLAVE 5

"INTENTAR CONOCER LOS INTERESES QUE HAY DETRÁS DE LAS POSICIONES"

6. "EL TIEMPO ES LA COSA MÁS VALIOSA QUE UNA PERSONA PUEDE GASTAR" (THEOPHRASTUS)

El concepto 'tiempo' tiene una doble vertiente: puede funcionar como 'objeto arrojadizo', en la medida en la que infundir la premura de tiempo puede ser una técnica de lo más productiva, y como 'variable psicológica', que determina la actitud y la predisposición de la parte contraria a la hora de afrontar la negociación.

EN UNA NEGOCIACIÓN QUIEN TIENE PRISA ACABA PERDIENDO. Es así de sencillo. Como se suele decir, las prisas no son buenas consejeras. Y menos todavía cuando el oponente no las tiene.

En cualquier proceso de negociación hay que respetar los tiempos. Hay que ser conocedor de que hay que dejar madurar las peticiones propias en la mente de los demás, y darse un tiempo para asimilar las peticiones que se nos piden. Cada negociación lleva implícita una investigación concienzuda para, como ya se ha comentado en el epígrafe anterior, ir más allá de las posiciones que se hayan podido adoptar y poder descubrir así los intereses reales que están motivando esas posiciones.

Una persona que tiene prisa por concluir algo modifica sustancialmente sus prioridades. Cuando alguien se encuentra en una negociación la prioridad debiera ser la consecución de lo que uno se haya propuesto, siendo consciente de que para ello habrá que hacer ciertas concesiones que nunca podrán sobrepasar los límites establecidos a priori. La concentración debiera estar enfocada en ello. Sin embargo, cuando alguien persigue que la negociación concluya lo antes posible, cuando se haya planteado unos tiempos determinados para llevarla a cabo, o cuando inteligentemente la otra parte le haya apremiado, el enfoque cambia. Inconscientemente las prioridades se modifican y uno se olvida del objeto último que ha motivado la negociación para centrar su atención en la pronta conclusión de la reunión.

Cuando alguna de las partes se ve incitada a decidir o acabar con prontitud se produce un desvío de atención evidente que provoca que se desatiendan los objetivos y concesiones máximas marcadas, para pasar a estar dispuesto a aceptar cualquier cosa con tal de acabar lo más pronto posible. Craso error.

De igual forma, marcarse uno mismo tiempos a priori (que no marcárselos a la contraparte) es una absoluta pérdida de tiempo. Simplemente porque existen cuestiones que uno debe ser consciente de que escapan a su control. Se trata de dos partes, luego poco se puede hacer para que la toma de decisiones y los tiempos que la otra parte contempla se acomoden a los deseos de uno.

Y al margen de ser una pérdida de tiempo es absolutamente contraproducente. Lo es porque el tiempo prima sobre el buen acuerdo, y ello se traduce casi siempre en malos acuerdos materializados en forma de excesivas concesiones que van más allá de los límites predefinidos. No sólo no se consiguen los objetivos propios, sino que también se acaba por incurrir en un proceso de sucesivas concesiones que terminan por constituirse en una rendición progresiva con tal de contentar a la otra parte y terminar lo antes posible.

Conocedores de la importancia de la variable tiempo, crucial diría yo, la otra parte utilizará en su beneficio cualquier atisbo de prisa que adivine en la contraparte. No lo dudes. De hecho, se trata de una herramienta de negociación poderosísima.

CLAVE 6

"NUNCA NEGOCIAR CON PRISA"

7. "LAS PALABRAS 'NUNCA', 'SIEMPRE', 'TODO' O 'NADA' SON PELIGROSAS PORQUE NO DEJAN OPCIONES" (WALTER RISO)

Los extremos no son buenos. Los blancos o negros están fuera de lugar. Pero lo cierto es que el mundo está repleto de grises en sus diversas tonalidades. Y es ahí donde habitualmente se sitúa el marco de la negociación y, consiguientemente, los puntos de encuentro.

LAS POSICIONES TAXATIVAS SON EL PERFECTO EJEMPLO DE LA INTRANSIGENCIA. Y la intransigencia sólo tiene una posibilidad de éxito: que la otra parte muestre flaquezas y acepte su rendición. En caso contrario no existirá negociación. Ni tan solo un minuto. Porque negociar es intercambiar. Ahora bien, como ya se ha dicho, ese intercambio debe estar supeditado a las conclusiones de un trabajo de preparación previo en relación al objetivo u objetivos que se pretenden con la negociación, y a las concesiones que uno está dispuesto a ofrecer sin afectar a los propios intereses.

Cuando decimos 'nunca', 'siempre', 'todo' o 'nada' no damos opción. No establecemos ningún marco de negociación porque no damos ningún espacio a la contraparte donde poder encontrar puntos de encuentro. O lo mío o nada. O te rindes o no hay acuerdo. Evidentemente, lo mismo se puede aplicar en sentido contrario.

Cuando utilizamos este tipo de palabras que denotan intransigencia no estamos buscando abrir un espacio de negociación sino que estamos tratando de imponer. Es una imposición en toda regla. Por todo ello, tengamos perfectamente claro los objetivos y límites propios y estemos dispuestos a oír los de la otra parte. Eso determinará el espacio de juego en el que nos vamos a mover y donde hipotéticamente se podrían encontrar puntos de encuentro y de acuerdo.

CLAVE 7

"NO USAR TÉRMINOS IMPOSIBILISTAS COMO'NUNCA', 'SIEMPRE', 'TODO' O 'NADA'"

8. "NADA ES TAN FÁCIL NI TAN ÚTIL COMO ESCUCHAR MUCHO" (JUAN LUIS VIVES)

Ya hemos hablado de la importancia de establecer un marco de negociación con el objetivo de encontrar puntos de encuentro dentro de él. Ahora bien, **dichos acuerdos exigen un esfuerzo de comunicación bidireccional**, de tal manera que la otra parte pueda conocer qué es lo que yo quiero, al igual que nosotros conocer lo que ellos quieren.

Eso no sería posible si no estuviéramos dispuestos a **escuchar**. Escuchar absolutamente todo lo que nos pretenden decir. En ningún caso debemos presuponer cuáles son sus objetivos sin antes haberlos oído salir de su boca. En general, somos todos muy dados a no dejar terminar de hablar a la otra parte con el pretexto de creer saber qué es lo que la otra parte quiere o te va a decir. Con ello cometemos, al menos, dos errores de bulto. EN PRIMER LUGAR, los prejuicios nos llevan a desconectar de la conversación y a no conocer bien, por tanto, lo que la otra parte pretende y las preocupaciones que pudiera albergar, Y, EN SEGUNDO LUGAR, incomodamos y, en cierto modo, ofendemos a la contraparte al sentirse de alguna manera desmerecida, lo que provoca que pueda adoptar una actitud a la defensiva desde ese punto en adelante y no comunicar, por tanto, todas aquellas cuestiones que de otra manera sí nos hubiera dicho.

Cuando escuchamos y dejamos a la otra parte hablar libremente provocamos que la otra parte se sienta más cómoda y, a la vez, obtenemos una cantidad inmensa de información sobre lo que quiere y aquello a lo que no está dispuesta a renunciar, información sobre las cuestiones a las que concede una mayor o menor importancia, y, lo que es más importante: en el propio discurrir de la conversaciones podemos adivinar, de la interpretación entre líneas, preocupaciones o voluntades soterradas que nos pueden facilitar en gran medida el conocimiento de aquellos intereses reales que condicionan su posición y, por ende, sus peticiones.

Por tanto, podemos concluir que **dejar hablar a la otra parte es clave. Dejarle hablar y escucharle con atención**. Esa escucha activa de lo que nos tienen que decir es uno de los mayores activos que tenemos como negociadores. Hay que escuchar y escuchar mucho. Es de ahí de donde podemos obtener información relevante. Es más, HAY QUE ESCUCHAR HASTA LO ÚLTIMO QUE TENGAN QUE DECIRNOS. Porque es justamente al final, cuando el cansancio empieza a hacer mella, cuando se suele decir lo más relevante, aquello de mayor contenido y sustancia. En definitiva, dejemos hablar y escuchemos muy atentamente aquello que nos tengan que decir.

CLAVE 8

"ESCUCHAR TODO LO QUE TENGAN QUE DECIRNOS"

9. "PERMANECER EN SILENCIO ES ALGO MÁS QUE NO HABLAR" (ROBERT FISHER)

SABER MANTENERSE EN SILENCIO ES UNA DE LAS MAYORES VIRTUDES QUE UNA PERSONA PUEDE TENER. Como personas tenemos tendencia a rellenar los vacío de las conversaciones con algún tipo de comentario porque entendemos que esos periodos de silencio resultan profundamente incómodos. Y es cierto que a menudo lo son.

Sin embargo, cuando una persona es capaz de mantenerse en silencio por un periodo de tiempo es capaz de comunicar más cosas que si, por el contrario, estuviera hablando. Los silencios expresan multitud de cosas y son una evidente muestra de respeto a los necesarios periodos de reflexión que la otra parte pueda necesitar.

En muchas ocasiones, cuando realizamos ciertas aseveraciones no somos capaces de esperar a la respuesta del otro si entendemos que esa respuesta se está demorando mucho. Y no lo hacemos, EN PRIMER LUGAR, porque nos resulta incómoda la espera. EN SEGUNDO LUGAR, por pura ansiedad, por no ser capaces de gestionar la ansiedad y la incertidumbre propia de la falta de respuesta. Y EN TERCER LUGAR, por querer justificar indebida e innecesariamente nuestros argumentos con el objeto de condicionar la respuesta de la contraparte. Dicho comportamiento, al margen de no respetar los tiempos propios de aquel que necesita una reflexión sobre lo que ha escuchado, y de la que se supone una respuesta, también indica otra cosa. Llamémosle, ansiedad, congoja, o preocupación.

De hecho un negociador experimentado hará precisamente eso. Mantenerse en silencio ante cualquier cuestión que se le plantee. Al menos en un inicio. Y lo hará con el propósito de calibrar al oponente. Para conocer hasta qué punto se trata de un posicionamiento fuerte o de simple 'postureo'. Porque el silencio en determinados momentos se entiende como algo equivalente a la firmeza, que no intransigencia.

Cuando un negociador plantea determinada postura y es incapaz de mantenerse después en silencio a la espera de respuesta, aportando justificaciones y explicaciones innecesarias entremedias, denota fragilidad psicológica y endeblez en la argumentación. Por todo ello, el silencio, o en este caso su falta, aporta multitud de información a la otra parte que puede utilizar con posterioridad en su favor. En sentido contrario, la capacidad de mantenerse en silencio denota firmeza y determinación, y un control emocional absoluto sobre la situación.

CLAVE 9

"EL SILENCIO, O SU FALTA, APORTA MUCHAS VECES MÁS INFORMACIÓN QUE LA PALABRA"

10. "LAS CONCESIONES DE LOS DÉBILES SON LAS CONCESIONES DEL MIEDO" (EDMUND BURKE)

Otra cuestión es poder dilucidar a qué se deben las concesiones. Si realmente se trata de concesiones que previamente habías considerado, o si por el contrario se trata de concesiones motivadas por el miedo.

Un error muy frecuente suele ser desligarse de los verdaderos motivos a los que tiene que responder una determinada concesión. No olvidemos que el objetivo es conseguir un objetivo y que para ello habrá que hacer concesiones que previamente se han estudiado y aceptado como posibles. LAS CONCESIONES TIENEN QUE TENER UNA FINALIDAD UTILITARISTA DENTRO DE LA NEGOCIACIÓN.

Sin embargo, con cierta frecuencia las concesiones responden a cuestiones puramente psicológicas, a un inconsciente sentimiento de inseguridad que generalmente se traduce en un complejo de inferioridad respecto de la otra parte. Ello nos empuja a querer agradar a la contraparte y evitar así que, a nuestro juicio, pueda incomodarse o enfadarse, olvidándonos así de nuestros propios intereses y de aquello que realmente estamos buscando con la negociación.

No sólo las concesiones no responden a lo que de verdad deberían responder, sino que además tienen un carácter impulsivo nada consensuado. Esto lo que provoca es que se hagan concesiones gravosas para nuestros intereses y absolutamente precipitadas.

Cuando las concesiones son el reflejo de querer agradar o gustar a la otra parte generalmente se caracterizan por dos elementos. EN PRIMER LUGAR, por su **arbitrariedad**, es decir, la concesión responde a caprichos puntuales y no a principios racionales estipulados a priori en la preparación de la negociación. Y, EN SEGUNDO LUGAR, porque ese ánimo de querer agradar provoca que **cada vez la magnitud de la concesión realizada sea muy importante**.

A la hora de hacer concesiones no convendría olvidar que éstas debieran estar debidamente pensadas con anterioridad y que su tamaño, la magnitud de la concesión, debiera ser pequeña cada vez. **Hay que realizar siempre pequeñas concesiones en lugar de grandes**. Y son estas últimas las que se realizan cuando vienen respaldadas por criterios puramente emocionales. Y es que no olvidemos que al fin y a la postre nuestro objetivo como negociadores debiera ser la obtención de grandes objetivos cada vez, a cambio, a su vez, de pequeñas concesiones.

CLAVE 10

"EL MIEDO INVITA A HACER EXCESIVAS CONCESIONES"

11. "HAY QUE DECIR 'NO' A MIL COSAS PARA ESTAR SEGURO DE QUE NO TE ESTÁS EQUIVOCANDO O QUE INTENTAS ABARCAR DEMASIADO" (STEVE JOBS)

Una de las características más apreciadas de aquellos a los que se tilda como expertos negociadores es la capacidad de decir 'no'.

Decir 'no' es el escopetazo de salida de la negociación. En los planteamientos iniciales que la otra parte realice, lo más común es decir 'no'. Es natural no aceptar de inicio las pretensiones iniciales que a uno se le hagan porque entraríamos en una mera aceptación de los requerimientos ajenos. **Decir 'no' previene al otro, te posiciona como interlocutor e invita a la otra parte a tener una consideración determinada sobre uno.** ESE PRIMER 'NO' ES UN MEDIDOR DE FUERZAS, es una manera de decir, sin decirlo, que la cosa no va a ser fácil. De hecho, la atribución de duro negociador que algunos se ganan se debe concretamente a la habitualidad con la que emplean esta palabra. La palaba 'No'.

Ya hemos dicho que decir que 'no' te posiciona, te crea una imagen de marca, pero no se limita a ello. Decir que no invita a la otra parte a considerar de igual manera tus pretensiones. Le obliga a excavar en mayor medida en tus peticiones y a buscar puntos de encuentro.

Muchos negociadores noveles tienen miedo a emplear la palabra 'no'. Y no es una cuestión que se ciña exclusivamente al ámbito de la negociación. Es más, se trata de una variable psicológica de las personas que trasciende y afecta a las negociaciones. A la hora de decir 'no' existe un miedo implícito. Un miedo que tiene su respuesta en la aversión al rechazo, en el deseo patológico del ser humano de querer agradar, de querer gustar. En nuestro fuero interno llevamos muy mal la posibilidad de no gustar, de decepcionar, de no cumplir expectativas. Por tanto, nuestra tendencia natural es satisfacer al otro pero, no por su propia satisfacción, sino porque su satisfacción lleva de forma implícita nuestro bienestar emocional. En la vida y en la negociación éste es el principal motivo por el que nos cuesta tanto decir 'no'. Lo cual es una flaqueza de relativa importancia y que cualquier negociador avezado es capaz de ver con premura y, consecuentemente, aprovecharse de ello.

Sin embargo, para aquellos que, aun siendo conocedores de su limitación natural que supone el no saber, o no poder decir 'no', existen herramientas o fórmulas que permiten salvar el escollo. Una de ellas es que, ante la imposibilidad de aceptar ciertas condiciones planteadas por la otra parte, y la incomodidad que supondría decir 'no' desde el punto de vista emocional, plantear respuestas a esas peticiones que sean evidentemente irrealizables o inconcebibles para aquellos que escuchan las respuestas. Que sean ellos, y no tú, los que lleguen a la conclusión. O lo hacen, o accederían a planteamientos que supondría echar piedras sobre su propio tejado.

CLAVE 11

"ATREVERSE A DECIR 'NO'"

12. "SIEMPRE DUELE MÁS TENER Y PERDER QUE NO TENER DE ENTRADA" (KHALED HOSSEINI)

Negociar tiene que ver mucho con el juego psicológico. Independientemente de la preparación previa es frecuente crearse una serie de expectativas en relación a la negociación. Es evidente que a negociar se va con algún motivo específico, y también suele ser habitual visualizar lo que sería un buen resultado para tus intereses.

Los expertos negociadores son conocedores de ello y lo saben explotar. Saben alimentar las expectativas de los negociadores noveles y propician que puedan visualizar una realidad que todavía no es, pero que hacen entender que ya casi está.

Y es cuando uno ya se ve en situación cuando comienzan las exigencias. Comienzan a aparecer los 'sí pero…', 'ya pero…', 'es verdad que casi ya está pero…' En definitiva, provocan que las variables psicológicas jueguen en tu contra y te supongan un mayor 'DOLOR'.

No es lo mismo afrontar una negociación sin expectativa alguna, es decir, enfocándonos única y exclusivamente en aquello que debemos hacer para la consecución de nuestros intereses, que ya verse prácticamente con los intereses conseguidos y sentirse bajo la amenaza de poder perderlos. **Desde el punto de vista emocional, no es lo mismo no tener algo y que exista la posibilidad de tenerlo, que ya tenerlo y saber de la posibilidad de poder perderlo.** Es muchísimo más doloroso perder algo que ya es tuyo, o entiendes que ya lo es, que no haberlo tenido nunca.

Los buenos negociadores son capaces de buscar lo que más dolor provoca en el oponente para exprimirlo de acuerdo a sus intereses. BUSCAN EL 'DOLOR' Y APRIETAN. Y lo hacen porque instintivamente, una vez existe el dolor, el ser humano tiende a deshacerse de él de la manera más rápida posible. Y la rapidez tiene mucho que ver con la falta de paciencia, con la falta de criterio y con la falta de análisis. Lo que redunda en decisiones equivocadas, precipitadas; y consecuentemente beneficia a nuestro oponente.

CLAVE 12

"DUELE MÁS PERDER LO QUE SE TIENE QUE NO CONSEGUIR LO QUE SE PRETENDE"

13. "LEY DE KEOPS: NO HAY OBRA QUE TERMINE DENTRO DE PLAZO O DEL PRESUPUESTO FIJADO" (ROBERT HEINLEIN)

Como en cualquier otro orden de cosas, hay que atender al presupuesto. Que esta afirmación, por favor, no descoloque en absoluto porque, sí, también a la hora de afrontar una negociación hay que presupuestar el coste en el que se va a incurrir, y conocer hasta qué punto se puede acometer la negociación desde el punto de vista presupuestario.

Lo comenta muy bien Jim Camp. Las negociaciones infligen costosos desembolsos, y no sólo económicos, sino que también de otra índole. Concretamente los costes que hay que considerar de forma previa, y que se debieran también acotar, son: el COSTE ECONÓMICO, el COSTE DE TIEMPO y el COSTE EMOCIONAL.

De inicio lo más común es tender a pensar que es el coste económico el que adquiere mayor relevancia por su carácter dinerario, pero nada más lejos de la realidad. Efectivamente puede ser así pero bien haríamos en no hacer caso omiso a los otros dos costes.

La importancia de cada cual resultará de los recursos que se puedan destinar a cada una de dichas partidas. De tal manera que existirán situaciones donde si el periodo de negociación se prolonga no nos supondrá un agravio importante desde el punto de vista económico habida cuenta de la solvencia que podamos tener. Sin embargo, el coste de tiempo sí que podría suponernos un problema porque en determinado momento puede ser aquello de lo que carezcamos más. Y de igual forma podríamos referirnos al coste emocional: dinero tenemos, tiempo también, sin embargo, es el desgaste psicológico en una negociación prolongada lo que puede hacer más mella a la hora de llevar una negociación a buen puerto.

Por lo tanto, **siempre hay que considerar las tres variables de forma conjunta**. No se trata de analizarlas por separado. Se trata de un sumatorio. Todo suma en la balanza. CONCRETEMOS QUÉ NOS PUEDE SUPONER EL PRESUPUESTO DE FORMA CONJUNTA INTENTANDO QUE SEA MENOR QUE EL DE NUESTRO OPONENTE. De igual forma podríamos valernos del conocimiento de las variables que conforman el presupuesto para, voluntariamente, incrementar a nuestro oponente la partida presupuestaria que consideremos puede ser más beneficiosa para nuestros intereses. Un ejemplo de ello sería hacer que la contraparte sea la que se desplace permanentemente a la negociación mientras nosotros negociamos en nuestras instalaciones. En esta situación, ¿quién crees que podría tener mayor disposición para dilatar las negociaciones, la parte que tiene que desplazarse permanentemente y reservar hoteles, o aquella que no lo tiene que hacer?

CLAVE 13

"MINIMIZA TUS COSTES E INCREMENTA LOS DE TU OPONENTE"

SEGUNDA PARTE: EL JUEGO INTERIOR (PSICOLOGÍA)

14. "QUIEN CONQUISTA A OTROS ES FUERTE, MAS QUIEN SE CONQUISTA A SÍ MISMO ES PODEROSO" (LAO TSE)

La frase que da nombre al epígrafe viene a ejemplificar lo que podría considerarse una de las facultades más importantes, si no la que más, que cualquier negociador debería tener. Esta facultad es la capacidad de AUTOCONTROL.

El autocontrol es clave, básico, crucial. Ponle el adjetivo que mejor consideres. El dominio de uno mismo es el común denominador del resto de capacidades que se desarrollan aquí en los distintos epígrafes. Sin autocontrol todo lo demás desaparece, no existirá o no se desempeñará correctamente.

EL AUTOCONTROL ES UNA CUALIDAD PROPIA DE AUTOGESTIÓN EMOCIONAL. Dominarse a uno mismo no supone desentenderse de las emociones, no se trata de desatender tus preocupaciones o tus filias y fobias. No. Más bien **se trata de realizar un ejercicio de autoconsciencia y autorreflexión.** Es ser capaz de ser consciente de aquello que te ocurre y sientes para que en dicho estado de consciencia podamos gestionarlo del modo más apropiado posible de acuerdo a nuestros intereses. Tener autocontrol es no perder los nervios ante agresiones ajenas, independientemente de que tus sentimientos te inviten a hacer todo lo contrario. Es ser capaz de poner coto a aquellas cuestiones emocionales que puedan ser contraproducentes. Pero no es fácil. Y no lo es porque, en cierta medida, se trata de actuar contra natura. De forma contraria a lo que quieren tus instintos. Por ello es mucho más fácil referirse a esta capacidad como aquello que debiera ser pero que sin embargo es tremendamente difícil ponerlo en práctica. De tal manera que no son muchos los que adquieren esta cualidad en momentos de enorme tensión y por ello admiramos especialmente sus facultades.

ES ESTA ENORME COMPLEJIDAD QUE SUPONE ADQUIRIR ESTA CAPACIDAD LO QUE LA CONVIERTE EN EL ARMA ARROJADIZA PREFERIDA DE LOS NEGOCIADORES EXPERTOS. Habitualmente la utilizan para sacar a la contraparte de sus cabales, para que pierdan con las formas la razón que pudieran tener en el fondo; y para alejar lo máximo posible la razón del criterio del oponente.

Y es que **cuando se pierde el autocontrol se pierde todo lo demás**. Lo visceral prepondera sobre lo racional lo que conlleva perder la credibilidad y tomar malas decisiones, generalmente de forma muy precipitada.

CLAVE 14

"CAPACIDAD DE AUTOCONTROL"

15. "RAZÓN SIN COMPRENSIÓN ES COMO CUPIDO SIN CORAZÓN" (JUAN LOBILLO)

LO QUE TÚ OPINES NO IMPORTA NADA. Así de claro. Semejante aseveración puede resultar sorprendente, pero nada más lejos de la realidad. **Lo que verdaderamente importa es lo que opine la otra parte**. Lo relevante es la percepción que tenga ella sobre los hechos en cuestión.

Un error de lo más común cuando afrontamos una negociación es adoptar un pensamiento reduccionista de la misma. Limitarse a las propias preocupaciones, posturas, opiniones y pretensiones sin considerar las que pueda tener la otra parte de la negociación. Somos tendentes a pensar que nuestras opiniones y posturas de acuerdo a un contexto determinado deben ser compartidas. Prejuzgamos pensamientos y conductas con el argumento de que ante situaciones parecidas todo el mundo debiera comportarse igual. Lo presumimos sin consultar y, consecuentemente, caemos en un clamoroso error.

Nos cuesta predicar con el ejemplo. La empatía es buena muestra de ello. Es uno de esos vocablos absolutamente desgastado por su uso verbal pero que, sin embargo, tiene una limitadísima aplicación desde el punto de vista práctico. En la realidad acostumbramos a conjugar a la perfección el yo, mí, me, conmigo, y no nos duelen prendas a la hora de evaluar conductas ajenas de manera peyorativa si las posturas, opiniones y conductas ajenas no comulgan con las propias ante la misma situación. ¡Pero cómo puede pensar eso! ¡Si está clarísimo que es así!

Tal expresión denota una absoluta falta de empatía. Una falta de interés por conocer de verdad a qué se debe el comportamiento ajeno. El principio fundamental es el siguiente: si no sabes algo, pregunta. Si no comprendes ciertos comportamientos, pregunta. Si no encuentras explicación a ciertas cuestiones, pregunta. En definitiva: PREGUNTA.

Y debes preguntar porque, tal y como decíamos al inicio del epígrafe, tu opinión no importa. ¡La opinión que verdaderamente importa es la de la otra parte de la negociación! Si no, ¿de qué manera se pretende llegar a un acuerdo sin entender a la otra parte, atendiendo única y exclusivamente a razones propias? De esta manera jamás llegará el acuerdo. Para que lo haga, la contraparte debe estar convencida de que es el mejor acuerdo. Es su opinión, y no la tuya, la que determina si lo es o no. Es su percepción la que dará o no vía libre al acuerdo. No será tu pretensión en ningún caso.

Por tanto, en la siguiente ocasión en la que vayas a considerar que cierta cuestión 'no tiene sentido', quizás debieras pararte a pensar que el hecho de que 'no tenga sentido' para ti no quiere decir que 'no tenga sentido' para otro. Intenta descubrir qué sentido puede ser ese. Estarás más cerca de llegar a un acuerdo.

CLAVE 15

"QUE ALGO NO TENGA SENTIDO PARA TI NO QUIERE DECIR QUE NO LO TENGA PARA OTRO"

16. "EL MIEDO REINA SOBRE LA VIDA" (ALBERT SCHWEITZER)

LA GENTE PUEDE ESCUCHAR LO QUE DICES PERO SÓLO REACCIONA ANTE EL MIEDO. Es un hecho. Negociar tiene mucho de ser médico. No por la actividad en sí misma, que está claro que no, pero sí a modo de analogía. **En la negociación, como en medicina, hay que buscar donde duele y después apretar.**

Las personas únicamente reaccionan ante dos estímulos: la posibilidad de ganancia y la posibilidad de pérdida, siendo éste último el más poderoso de los dos. La gente reacciona en mayor medida ante la posibilidad de pérdida que ante la posibilidad de ganancia. Digamos que, por lo general, perder da mucho más miedo.

Pero el miedo no tiene por qué suscitarse por motivos razonados. Se trata más bien de una proyección mental. De una anticipación dolorosa de una hipótesis futura. Como especie somos unos fervientes admiradores de la certidumbre y, por tanto, somos recelosos ante todo lo que la cuestione.

De esta manera, LOS NEGOCIADORES EXPERTOS EXAMINAN AL OPONENTE EN TODA SU AMPLITUD CON EL OBJETIVO DE ENCONTRAR SU 'DOLOR' PARTICULAR PARA EXPRIMIRLO AL MÁXIMO. En la búsqueda del convencimiento del oponente no lograremos nada si nuestro argumentario no incide especialmente en su 'dolor', en aquello que le preocupa, aquello que le da miedo. No olvidemos que, como decía al principio, **las personas no reaccionan ante las palabras, lo hacen ante el dolor**, y el dolor tiene una relación estrecha con sus preocupaciones, sus miedos y sus necesidades.

CLAVE 16

"DESCUBRE EL 'DOLOR' DE TU OPONENTE"

17. "PARA GRANDES COSAS MUCHO TIEMPO SE REQUIERE" (SÉNECA)

Ya hemos hablado algo sobre ello. Como expertos negociadores es importante comprender la trascendencia del conocimiento de la utilización de la variable TIEMPO no sólo como técnica sino también en su variable psicológica. Ya conoces que **la falta de tiempo en la negociación provoca que todo se precipite, luego convendría darnos tiempo a la hora de negociar.**

De forma contraria es interesante infundir cierta premura en la parte contraria para que sea ella la que

en su caso pueda caer en la precipitación. Cuando existe disponibilidad de tiempo, o cuando se proyecta la posibilidad de tenerlo se favorecen dos cuestiones. EN PRIMER LUGAR, se transmite una capacidad de resistencia tal que puede infundir cierto respeto o temor en el contrincante por la posibilidad que se plantea de una negociación larga, con toda la fatiga que conlleva. Y ello, ya antes de empezar, suscita en la parte contraria cierta pereza y hastío previo. Y EN SEGUNDO LUGAR, cuando damos a entender la disposición de tiempo, y que no existe en su caso urgencia alguna para negociar, depositamos en el ideario de la parte contraria la idea de que atendemos a la templanza, al sosiego, a la calma, a la prudencia y al sentido de la responsabilidad. Cualidades todas ellas que junto con el primero de los puntos comentados imprime ya de inicio cierta desesperanza en el oponente. El partido no ha empezado y ya ganamos 1-0.

Ahora bien, dichas características tienen que ser sostenibles a lo largo de la negociación para poder confirmar así los peores presagios de la contraparte y poder ir menguando progresivamente su ánimo. Proyectar esta cualidad no es objeto fácil si tenemos en consideración los dimes y diretes que sin lugar a dudas irán surgiendo a lo largo de la negociación.

Si en su caso somos nosotros los que nos vemos en la tesitura de enfrentarnos a alguien que tiene, o dice tener, una paciencia infinita, o bien nos atribuimos a nosotros mismos de la misma facultad y se la hacemos ver a la parte contraria, o mejor esperar a mejor ocasión para negociar si es cierto que tiempo no es lo que precisamente vamos a tener. **Que nadie nos urja a negociar rápido. No aceptemos premuras de tiempo de la parte contraria. Tampoco fechas límite**. Todo debe hacerse sin prisa, con tiempo, guste o no a la otra parte negociadora.

CLAVE 17

"LA PARTE CONTRARIA VERÁ MINADA SU MORAL SI PERCIBE TU DISPONIBILIDAD DE TIEMPO"

18. "SI TUS PROBLEMAS TIENEN SOLUCIÓN, ¿PARA QUÉ PREOCUPARSE?, Y SI NO LO TIENEN, ¿PARA QUÉ PREOCUPARSE?" (PROVERBIO CHINO)

UNA DE LAS CUESTIONES QUE MÁS ESTRÉS GENERA ES ANTICIPAR EL RESULTADO. Más bien, anticipar las consecuencias del resultado. Y voy a ir más allá: anticipar las consecuencias de un mal resultado, o, directamente, la falta de resultado alguno.

Es como si desde el punto de vista mental diésemos un salto directamente al futuro obviando la propia negociación y todo lo que ello conlleva. Esto es absolutamente normal. Al fin y al cabo cualquier negociación tiene un propósito concreto y es su consecución o no. Algo que calificará el desempeño de aquellos que hayan tomado parte. La estrategia de negociación siempre está supeditada al logro de una serie de objetivos. Si no fuese así, negociar no tendría razón de ser.

Sin embargo, el éxito en la negociación sucumbe a esta PARADOJA: **el propósito de la negociación no debiera condicionar nuestra atención, y sí debe hacerlo el propio desempeño en el proceso de negociación. ¿POR QUÉ? El resultado no depende únicamente de nosotros. Lo que sí depende de nosotros es realizar todas aquellas cuestiones que estén en nuestras manos, y que dependan exclusivamente de nosotros, para intentar llevar a buen término la negociación**. PREOCUPARSE POR EL RESULTADO ES ESTÉRIL, habida cuenta de que éste depende en igual medida de la decisión de la contraparte. Ahora bien, prepararse, investigar, informarse, preguntar, escuchar, adoptar una postura serena y empática… son elementos todos ellos que dependen única y exclusivamente de uno. Y precisamente ahí debemos incidir. **Nuestra concentración debe estar focalizada en aquellas cosas que se deban a nosotros. El resultado se nos escapa absolutamente**.

Y es precisamente por ello que nos estresa tanto. Se trata de un elemento tremendamente incierto, pero que a la vez constituye el elemento central de la negociación y el motivo por el que se ha llevado a cabo.

De ahí el título de este epígrafe. Desde el punto de vista práctico no tiene la más mínima utilidad preocuparse por cuestiones que se escapan a nuestro control, pero sí que la tiene hacerlo por aquello que sí que lo está.

CLAVE 18

"CONCÉNTRATE EXCLUSIVAMENTE EN AQUELLO QUE ESTÁ BAJO TU CONTROL"

19. "NADIE OFRECE TANTO COMO EL QUE NO VA A CUMPLIR" (FRANCISCO DE QUEVEDO)

En negociación, la promesa es el arte de la procrastinación interesada. Aquel que promete entra en el juego del convencimiento psicológico. No puedo dar, pero prometo darlo. Generalmente funciona bastante bien. Es una herramienta de persuasión bastante poderosa porque incide en la creencia innata de la benevolencia ajena. Creemos porque instintivamente queremos creer.

La desconfianza en el prójimo es un sentimiento aprendido, cuyo maestro es la experiencia en toda su crueldad. Cuando negociamos con alguien que muestra una actitud conciliadora, inconscientemente, creemos estar en un escenario de colaboración donde se presupone la buena fe. Nada más lejos de la realidad.

Los negociadores expertos trabajan a conciencia la predisposición de la contraparte. Establecen un marco supuestamente colaborativo para 'regar' la confianza mutua. Manipulan de forma maquiavélica para que la contraparte se crea una realidad ilusoria.

Es ese marco colaborativo perfectamente trabajado lo que otorga un carácter fidedigno a la promesa. Una promesa interesada. Donde lo que se busca es un compromiso presente a cambio de una promesa futura. Y adivina qué: la promesa futura nunca se da. Sin embargo el compromiso ya está adquirido.

LAS CONCESIONES Y LOS COMPROMISOS SIEMPRE SE TIENEN QUE DAR EN EL MISMO ESPACIO TEMPORAL. SIEMPRE. Si no, estaremos permanentemente abiertos al engaño.

CLAVE 19

"NO CONCEDAS Y NO TE COMPROMETAS EN EL PRESENTE A CAMBIO DE PROMESAS FUTURAS"

TERCERA PARTE: LA PUESTA EN ESCENA (COMPORTAMIENTO)

20. "LAS ÚNICAS PARTES BUENAS DE UN LIBRO SON LAS EXPLICACIONES QUE SE HAN OMITIDO EN ÉL" (BAUDELAIRE)

Es muy habitual que a la hora de poner nuestras peticiones encima de la mesa tengamos tendencia a no exponerlas directamente. Simplemente, acostumbramos a aderezarlas con justificaciones que respalden dichas peticiones. No nos sentimos cómodos transmitiendo lo que solicitamos sin más. Hacerlo, conllevaría un sentimiento de malestar personal.

Pues haríamos bien en despojarnos de ese sentimiento. **Detrás de las excesivas justificaciones y explicaciones descansa un sentimiento de culpa**. Entendemos que cualquier planteamiento que hagamos debe estar sujeto a razones de acuerdo al criterio del oponente. Sin embargo, la contraparte, no es que no atienda a razones, sino que atiende exclusivamente a las suyas.

Cuando nos excedemos en justificaciones y explicaciones lo hacemos entendiendo que es la manera correcta de proceder. Para evidenciar que nuestras pretensiones no son una locura y que tienen su explicación. Sin embargo, LO QUE REALMENTE SUBYACE EN EL EXCESO DE EXPLICACIONES Y JUSTIFICACIONES

ES UNA FALTA DE AUTOCONFIANZA. Una inseguridad que a buen seguro el oponente sabrá ver e interpretar de acuerdo a sus intereses.

Por tanto, dar demasiadas explicaciones sobre aquello que exigimos evidencia, EN PRIMER LUGAR, cierta debilidad psicológica, y, EN SEGUNDO LUGAR, favorece la transmisión a la otra parte de información 'gratuita' y nada necesaria que pudiera ser con posterioridad utilizada en contra.

En definitiva, en un ejercicio de asertividad y fortaleza, limitémonos a plantear lo pretendido con una sucinta explicación. En todo caso, nada de justificaciones. No son ni prácticas ni buenas a diferencia de lo que podríamos creer.

CLAVE 20

"NO TE JUSTIFIQUES"

21. "LA TEMPLANZA ES EL VIGOR DEL ALMA" (JAIME BALMES)

Estamos quizás ante una de las facultades más importantes a la hora de negociar. LA TEMPLANZA COMO ALGO ABSOLUTAMENTE IMPRESCINDIBLE. Sim embargo, su grado de importancia es directamente proporcional a la escasez de su aplicación.

Es evidente que la **templanza y el autocontrol van de la mano**. La primera implica lo segundo, siendo el autocontrol un concepto más amplio que la templanza. La falta de templanza se traduce en comportamientos hostiles hacia el oponente incluyendo tonalidades de voz agresivas y un tanto pendencieras. Lo realmente deseable en cualquier negociación es MANTENER UNA ACTITUD LO MÁS NEUTRA POSIBLE. Tanto en comportamiento como en tono. Hay que ceñirse exclusivamente a aquello a lo que hemos venido. Lo demás no deja de ser un desvío de atención que nos aleja del sendero correcto prefijado y que puede resultar totalmente contraproducente.

Se trata de adoptar una actitud y un tono con la necesaria perspectiva. De saludable objetividad. Que tanto conducta como voz sean serenas, sin alzar la voz, y con el rictus más neutro posible.

La TEMPLANZA, en definitiva, se comporta como un EFECTO CORRECTOR de aquellos impulsos primarios que en cada momento se pudieran tener. Es la facultad de 'auto-limar' las asperezas emocionales que cada uno pudiera tener para limitarse a lo fundamental.

Por todo ello, adoptemos nuestra actitud más neutra e impávida posible. Un comportamiento de acuerdo a aquello que nos ocupa. Que gire en torno al objeto de la negociación. El resto no deja de ser simplemente ruido y tripas.

CLAVE 21

"ADOPTA UNA ACTITUD TEMPLADA"

22. "NO HAY QUE MEZCLAR CHURRAS CON MERINAS" (DICHO CASTELLANO)

Muy en relación con el apartado anterior, es de lo más común en negociaciones perder los nervios ante planteamientos y actitudes incomprensibles desde nuestro punto de vista por parte de la parte contraria.

Los rifirrafes propios de cualquier negociación, y su consiguiente toma y daca, invitan, desde lo más visceral, a tomarse las cosas de forma personal. Lo que son discusiones que inciden en el asunto que se está negociando acaban por concebirse como ataques personales, de forma que se acaba por tener una visión distorsionada de la realidad. En un escenario donde debe preponderar la razón acaba por girar alrededor de las tripas y de las inquinas recíprocas.

Cuando se adopta esta actitud puramente emocional uno se aleja de los preceptos objetivos que le han llevado a la negociación y que se buscan con ella, para pasar a intentar dar respuesta a nuestra situación emocional de tirria hacia el oponente. Algo que a todas luces nada tiene que ver con el propósito de la negociación.

TOMARSE LAS COSAS COMO ALGO PERSONAL ENFATIZA NUESTRA VULNERABILIDAD. Es dar manga ancha a nuestro oponente para que claudiquemos a sus designios. Todo ello porque se ha perdido el control. El control de aquello que está siendo el objeto de la discusión, y el control de uno que invita a no atender a razones, a la irreflexión, a la irracionalidad y a la falta de cordura.

Un comportamiento como éste modifica el foco de lo sustancial. Transfiere la importancia hacia lo irrelevante desde aquello que efectivamente es lo más importante: el objeto de la negociación. Nos concentramos en el 'mensajero' en lugar de en el 'mensaje'. Perdemos criterio para retrotraernos a etapas paleolíticas donde la cabeza poco tenía que hacer y sí, en cambio, lo instintivo.

La realidad de una negociación es que dos partes se reúnen en torno a un objeto de discusión con el objetivo de llegar a acuerdos satisfactorios, compartidos y asumidos por las dos partes. La visceralidad lo único que provoca es que se pretenda 'matar al pianista'.

CLAVE 22

"NO TOMARSE LAS COSAS PERSONALMENTE. DEJAR LO PERSONAL AL MARGEN"

23. "LAS COSAS NO VALEN SINO LO QUE SE LAS HACE VALER" (MOLIÈRE)

HAZTE RESPETAR. NO INTENTES CAER BIEN. Esto que parece una perogrullada es una de las cosas más difíciles de llevar a cabo. Lo es porque estamos hablando de algo puramente instintivo.

Existe de forma natural una predisposición del ser humano a buscar la aceptación del prójimo. Somos tendentes a buscar la armonía en nuestras relaciones y nos resulta tremendamente doloroso si esa concordia se ve truncada. Como consecuencia instintivamente somos más complacientes y condescendientes con la posición ajena, mientras inconscientemente desatendemos nuestros principios, objetivos y límites. Todo con el objetivo último de 'gustar' al de enfrente.

Tales conductas nos llevan en sentido figurado a hacer caso omiso a la función que, en cuanto negociadores de parte, se espera de nosotros. Son los negociadores expertos los que, prácticamente, de forma inmediata, vislumbran esa necesidad de agradar de la otra parte y se aprovechan por tanto de ello.

A una negociación no se va a hacer amigos ni a agradar a nadie. Se va a lo que se va. Se trata de encontrar una solución respecto a un asunto concreto en el que ambas partes queden, a ser posible, contentas. Para ello es crucial hacerse respetar. Incluso muy por encima de otras consideraciones. Deben vernos como iguales. Es más, diría yo que es mucho más beneficioso que incluso te teman antes de que te vean como alguien amigable. Un temor que, eso sí, provenga del respeto y de la asertividad más pura.

Evidentemente todo lo anterior es mucho más fácil decirlo que hacerlo, como todas aquellas cuestiones que son meramente instintivas. Ahora bien, que no sea fácil no quiere decir que desoigamos aquello que nos puede interesar por considerarlo 'demasiado difícil'. El simple hecho de conocer esa tendencia natural a buscar el agrado ajeno nos tiene que servir de sobre aviso para que, cuando así ocurra, podamos poner todas las herramientas a nuestro alcance para cambiar la conducta y retomar conscientemente la postura más adecuada a nuestros intereses.

CLAVE 23

"HAZTE RESPETAR"

24. "LA DISCRECIÓN ES UNA VIRTUD SIN LA CUAL LAS OTRAS DEJAN DE SERLO" (FRANCIS BACON)

La discreción no se trata únicamente de una facultad aplicable en exclusiva a la negociación. Estamos hablando de algo que debería preponderar en todos los órdenes de la vida.

Cuando hablamos de discreción hablamos de prudencia, de cautela, de sensatez. De la adopción de un perfil bajo independientemente de los devenires que te presente la vida. Como seres humanos somos muy dados a los extremos. Tendemos a dotar de una especial relevancia a todo aquello que acontezca en nuestra vida y que se salga de lo cotidiano y usual.

A muchas personas les gusta vestir con signos de admiración las alegrías y las tristezas, cuando se es pudiente y cuando no se es, y, especialmente, somos dados a hacer especial ostentación de conocimientos bajo la falsa creencia de que favorecerá nuestra aceptación y la valoración que otros harán de nuestra persona.

Es este último punto el que adquiere una especial relevancia en las negociaciones. Y es que en aras del deseo irrefrenable de nuestro ego por verse alimentado sin cesar solemos claudicar a uno de nuestros principales instintos: EL SENTIMIENTO DE IMPORTANCIA.

Creemos equivocadamente que para que nuestra pretensión de ser admirables de cara a los demás se dé debemos demostrarlo a cada momento. Como consecuencia tendemos a facilitar información y hacer gala de conocimientos que, o bien no son objeto de la negociación o se trata de información que la otra parte no tiene necesidad de conocer. Y, si aun no siendo necesario que la conozca, lo hace, eso sólo puede indicar una cosa: que se corre el riesgo de dar a la otra parte información que pudiera utilizar en nuestra contra. De igual manera, hacer ostentación de tus facultades, de tus posesiones o de lo que más gustes sólo provoca una cosa: generar prejuicios en la otra parte que puedan en su caso dinamitar la negociación.

Personalmente me aplico un principio siempre que me asaltan las dudas sobre si decir o no cierta información: ¿COMUNICAR DICHA INFORMACIÓN ME PUEDE BENEFICIAR? Si la respuesta es 'NO' me vuelvo a preguntar lo siguiente: ¿DICIÉNDOLO EXISTE LA POSIBILIDAD DE QUE AFECTE POSTERIORMENTE DE FORMA NEGATIVA? Y si la respuesta es 'sí' no lo digo y me lo reservo.

CLAVE 24

"SER SIEMPRE PRUDENTE"

25. "LA NECESIDAD NUNCA HIZO BUENOS NEGOCIOS" (BENJAMIN FRANKLIN)

No descubro nada nuevo si digo que cuando alguien afronta una negociación lo hace con un objetivo determinado, aun sabiendo que para conseguirlo tenga que ceder en algunas cuestiones para que la contraparte obtenga algo de su interés.

Siendo esto así, también es cierto que tal y como hemos comentado con anterioridad la negociación es un proceso de intercambio. Bien es cierto que debe serlo de forma bidireccional. Si no lo es, no estaríamos hablando de un intercambio propiamente dicho sino de una rendición unilateral.

Es evidente que a nadie le gusta someterse a una rendición. Sin embargo, que eso sea o no sea así dependerá del grado de necesidad que la otra parte intuya que tienes por llegar a un acuerdo. **Cuanta más necesidad muestres, mayores exigencias y concesiones te pedirá la otra parte**. También es cierto que es posible que esa necesidad exista y que estés deseoso de obtener aquello que anhelas. Ahora bien, NO MUESTRES ESA NECESIDAD. Si hace falta actúa. Y hazlo de manera que parezca que **te gustaría llegar a ese acuerdo pero que en ningún caso lo necesitas**. De tal manera que si la negociación no discurre por los derroteros que uno entiende adecuados no existe ningún problema en levantarse de la mesa e irse.

Si, al contrario, vislumbran esa necesidad sabrán dónde está tu 'dolor' particular. Y te exprimirán. Apretarán allá donde te duela en forma de peticiones y exigencias. Todo con el objetivo de que a cambio de deshacerte de aquello que te oprime y duele des todo aquello que se te pide.

Como consecuencia podemos encontrarnos ante un escenario donde una persona acude a la negociación en unas determinadas condiciones, con la necesidad de llegar a un acuerdo concreto, y la concluye obteniendo únicamente aquello que pretendía pero a cambio de multitud de cuestiones que ya poseía y que no contemplaba perder. De tal forma que ha perdido mucho más de lo que ha ganado. Ha terminado por vender el coche para comprar gasolina.

CLAVE 25

"INTERÉS EN LLEGAR A UN ACUERDO: SÍ. NECESIDAD DE LLEGAR A ÉL: EN NINGÚN CASO"

26. "A QUIEN NO SE SALVA POR SÍ SOLO NADIE LE PUEDE SALVAR" (CESARE PAVESE)

En ocasiones los ejercicios de empatía pueden ser contraproducentes. Siempre se ha dicho que la empatía es una virtud, pero lo es únicamente si se atienden y se respetan los propios límites, los propios intereses.

Generalmente existe una frontera difusa entre lo que es la empatía, entendiéndose como la facultad de

ponerse en el lugar del otro, y la voluntad innata de gustar a los demás. Y es que en el fondo, como seres humanos que somos, llevamos fatal vislumbrar la posibilidad de caer mal a alguien. De ahí esa búsqueda inconsciente y cuasi patológica de buscar la aceptación ajena.

¿POR QUÉ LE LLAMAMOS EMPATÍA CUANDO QUEREMOS DECIR ACEPTACIÓN POR PARTE DEL PRÓJIMO? En cualquier negociación pueden darse circunstancias en la que ante los planteamientos realizados sea evidente que la contraparte se encuentra en disyuntivas y problemas. Ante dicha situación muchas personas se sienten incómodas y deciden hacer concesiones o suavizar los planteamientos realizados con el objetivo final de sacar del atolladero en el que se encuentra la otra parte. De alguna manera le 'salvan la cara' bajo el falso argumento autosugestivo de que realmente se trata de un ejercicio de empatía digno de elogio.

Pero lo que es cierto es que eso se trata de un error. **No debemos salvar en ningún caso la cara a los demás**. Uno accede a una negociación siendo consciente del objetivo que pretende y teniendo perfectamente claros los límites y las concesiones posibles. Es evidente que aquello que se plantee para llegar a dicho objetivo puede ser susceptible de generar tensiones en la otra parte. Sin embargo, NO NOS CORRESPONDE A NOSOTROS FACILITAR UNA DECISIÓN AJENA POR MOTIVOS DE

INCOMODIDAD. Es la otra parte la que, en su caso, tendrá que decidir qué es lo que puede o no puede hacer al respecto y es por ello que habrá que concederle un tiempo prudencial para que adopte la decisión que crea oportuna ante esta nueva realidad.

No olvidemos que **sacar a la otra parte de un atolladero que uno mismo le ha planteado será percibido por la contraparte como un una muestra de debilidad emocional, y podrá por ello hacer un uso interesado de ello para conseguir aquello que pretenda en el futuro.**

CLAVE 26

"NO 'SALVAR LA CARA' A LA PARTE CONTRARIA"

27. "DIOS APRIETA PERO NO AHOGA" (PROVERBIO)

Es una obviedad decir que a lo largo de una negoción existen multitud de tiras y aflojas. Muchos envites que generalmente encuentran su réplica en la contraparte. Sin embargo, existen ocasiones donde un negociador es consciente de que tiene a la otra parte entre la espada y la pared. Momentos donde no existe réplica posible porque la otra parte negociadora carece de un argumentario concreto ante determinados planteamientos.

Como negociadores podríamos pensar que esta situación facilita enormemente la consecución del objetivo planteado con la negociación. Sin embargo, a pesar de que esta creencia esté ampliamente afincada en el ideario general, lejos de ayudar complica las cosas enormemente.

No olvidemos que para que una negociación llegue a buen puerto debe discurrir en el terreno del objeto que nos ocupa. Con todo, **si como negociadores empujamos a la otra parte y no cejamos en el empeño de que se atrinchere sin salida posible podemos conseguir todo lo contrario. Habremos herido su orgullo. La negociación se dinamitará y lo logrado hasta el momento caerá en saco roto. Para entonces la negociación habrá entrado en el terreno de lo personal a consideración de la otra parte y ésta muy posiblemente no atenderá a razones**.

Cuando una persona se encuentra entre la espada y la pared, y no es capaz de vislumbrar una salida honrosa, despliega sus instintos más primarios, más animales y se revuelve en todo su fervor para salir de dicha situación, atacando incluso si así lo considera. Una persona en esa situación se comporta de la misma manera que un pez recién pescado: aletea y ataca porque ya no tiene nada que perder.

Por tanto, como negociadores no atosiguemos hasta la extenuación. No lastimemos su orgullo. Dejemos que la parte contraria 'salve la cara' y tenga una salida. Y digo que pueda salvar la cara, no que se la tengamos que salvar nosotros.

CLAVE 27

"DEJAR AL OPONENTE SIEMPRE UNA SALIDA"

28. "LA IGNORANCIA ESTÁ MENOS LEJOS DE LA VERDAD QUE EL PREJUICIO" (DENIS DIDEROT)

La frase de este epígrafe quiere decir una cosa fundamental: NO HAY QUE PRESUPONER NI PREJUZGAR. Así de simple. **Como personas nos sentimos más cómodos haciendo juicios de valor de aquello que vemos, observamos y escuchamos**. Juicios de valor bajo el atributo de verdades absolutas, cuando lo cierto es que dichos juicios, y por ende las consiguientes presunciones, se ven siempre condicionados por la educación y experiencias que cada cual haya podido tener. Lejos de las verdades axiomáticas, las consideraciones particulares nunca podrán ser consideradas como verdades ciertas.

En el ámbito de la negociación las presunciones adquieren una relevancia fundamental, en la medida que tienen unos efectos perversos por cuanto distorsionan la realidad. CUANDO PRESUPONEMOS LAS COSAS DEJAN DE SER LO QUE REALMENTE SON PARA PASAR A SER LO QUE CONSIDERAMOS QUE SON. Y eso en una negociación es un punto de partida incorrecto.

Incorrecto porque confundimos el escenario. Incorrecto porque desconocemos las verdaderas pretensiones de la parte contraria, al igual que sus necesidades, situación y conocimientos. **Las presunciones nos hacen desconocer bajo un velo de conocimiento**. Pero presuponer es fácil. Y es que PRESUPONER NO DEJA DE SER EL FRUTO DEL EGO MÁS LA PEREZA.

Para llevar a buen puerto una negociación hay que estar lo más seguro posible de todo aquello que la integra. Desde el escenario en el que se realiza hasta las verdaderas pretensiones de la contraparte, pasando por sus preocupaciones, necesidades y su realidad. Y para ello sólo existe una herramienta infalible: PREGUNTAR. Cuando no estés seguro de lo que pretende, pregunta, no presupongas. Cuando no sepas cuáles son sus verdaderas necesidades, pregunta, no presupongas. Cuando no sepas cuál es su realidad, pregunta, no presupongas. Y así sucesivamente cuando no tengas clara cualquier cuestión. **Presuponer es fácil pero es absolutamente ineficiente**.

CLAVE 28

"NO PRESUPONER"

CUARTA PARTE: RESUMEN DE LAS CLAVES

1. "LA NEGOCIACIÓN ES INTERCAMBIO. SI YO CONCEDO ALGO LA CONTRAPARTE ME TIENE QUE CONCEDER ALGO, Y SI PIDO ALGO DEBO ESTAR DISPUESTO A OTORGAR ALGO"

2. "SABER ANTES DE NEGOCIAR CUÁLES SON TUS OBJETIVOS Y CUÁLES SON TUS LÍMITES"

3. "ESTAR PREPARADO PARA CUANDO SE PRESENTE LA OPORTUNIDAD"

4. "INTRODUCIR EN LA NEGOCIACIÓN MÚLTIPLES VARIABLES NEGOCIABLES"

5. "INTENTAR CONOCER LOS INTERESES QUE HAY DETRÁS DE LAS POSICIONES"

6. "NUNCA NEGOCIAR CON PRISA"

7. "NO USAR TÉRMINOS IMPOSIBILISTAS COMO 'NUNCA', 'SIEMPRE', 'TODO' O 'NADA'"

8. "ESCUCHAR TODO LO QUE TENGAN QUE DECIRNOS"

9. "EL SILENCIO, O SU FALTA, APORTA MUCHAS VECES MÁS INFORMACIÓN QUE LA PALABRA"

10. "EL MIEDO INVITA A HACER EXCESIVAS CONCESIONES"

11. "ATREVERSE A DECIR 'NO'"

12. "DUELE MÁS PERDER LO QUE SE TIENE QUE NO CONSEGUIR LO QUE SE PRETENDE"

13. "MINIMIZA TUS COSTES E INCREMENTA LOS DE TU OPONENTE"

14. "CAPACIDAD DE AUTOCONTROL"

15. "QUE ALGO NO TENGA SENTIDO PARA TI NO QUIERE DECIR QUE NO LO TENGA PARA OTRO"

16. "DESCUBRE EL 'DOLOR' DE TU OPONENTE"

17. "LA PARTE CONTRARIA VERÁ MINADA SU MORAL SI PERCIBE TU DISPONIBILIDAD DE TIEMPO"

18. "CONCÉNTRATE EXCLUSIVAMENTE EN AQUELLO QUE ESTÁ BAJO TU CONTROL"

19. "NO CONCEDAS Y NO TE COMPROMETAS EN EL PRESENTE A CAMBIO DE PROMESAS FUTURAS"

20. "NO TE JUSTIFIQUES"

21. "ADOPTA UNA ACTITUD TEMPLADA"

22. "NO TOMARSE LAS COSAS PERSONALMENTE. DEJAR LO PERSONAL AL MARGEN"

23. "HAZTE RESPETAR"

24. "SER SIEMPRE PRUDENTE"

25. "INTERÉS EN LLEGAR A UN ACUERDO: SÍ. NECESIDAD DE LLEGAR A ÉL: EN NINGÚN CASO"

26. "NO 'SALVAR LA CARA' A LA PARTE CONTRARIA"

27. "DEJAR AL OPONENTE SIEMPRE UNA SALIDA"

28. "NO PRESUPONER"

Twitter: @PaulFraga

www.futbolydineroresponsable.com

www.ingramcontent.com/pod-product-compliance
Lightning Source LLC
Chambersburg PA
CBHW061202180526
45170CB00002B/928